Inhalt

Fleisch - Exporte steigen, Importe sinken

Kernthesen

Beitrag

Fallbeispiele

Zahlen und Fakten

Weiterführende Literatur

Impressum

GENIOS BranchenWissen Nr. 01 vom 16.01.2014

Fleisch - Exporte steigen, Importe sinken

Markus Hofstetter

Kernthesen

- Nachdem in Deutschland die Fleischerzeugung 2012 zurückgegangen war, stabilisierte sich diese im ersten Halbjahr 2013.
- Zwar exportierte Deutschland 2012 mehr Fleisch, doch die Importe gingen zurück.
- Die Bundesbürger essen insgesamt weniger Fleisch, wobei Schweinefleisch am beliebtesten ist.
- Die deutsche Schlacht- und Fleischwarenindustrie erzielte 2012 trotz geringerer Fleischerzeugung mehr Umsatz.

Beitrag

2012 ging die Fleischerzeugung in Deutschland erstmals seit vielen Jahren zurück

2012 ist die Fleischerzeugung in Deutschland nach Jahren des Produktionszuwachses erstmals seit 1997 um 1,9 Prozent auf 8,05 Millionen Tonnen gesunken. Schweinefleisch hat weiterhin mit knapp 68 Prozent den höchsten Anteil. Es folgen Geflügelfleisch mit fast 18 Prozent und Rindfleisch mit rund 14 Prozent. Der Anteil der übrigen Fleischsorten, vor allem Schaf-, Lamm- und Ziegenfleisch, beträgt rund 0,3 Prozent.

Die Schweineschlachtungen nahmen 2012 erstmals seit 2000 ab. Das Schlachtaufkommen sank um 2,3 Prozent auf 58,20 Millionen Tiere. Wegen niedrigerer Schlachtgewichte (SG) sank die erzeugte Fleischmenge sogar um 2,5 Prozent auf knapp 5,46 Millionen Tonnen.

Bei Rindfleisch setzte sich der langfristige Trend der vergangenen Jahre zur Verringerung der Produktion fort. Die Zahl der Schlachtungen sank um 1,6 Prozent auf 3,62 Millionen Stück. Auch hier waren im Durchschnitt die Schlachtgewichte niedriger als 2011, so dass die Erzeugungsmenge um 1,9 Prozent 1,14 Millionen Tonnen zurückging.

2012 wurden knapp 1,43 Millionen Tonnen Geflügelfleisch erzeugt. Dies entspricht einem Minus von 0,3 Prozent gegenüber 2011. Leicht ins Minus rutschte auch die Herstellung von Putenfleisch, die mit knapp über 0,46 Millionen Tonnen das Vorjahresniveau um 0,8 Prozent verfehlte.

Langfristig auf dem Rückzug ist auch die Produktion von Schaf- und Lammfleisch. 2012 wurden etwa 20 600 Tonnen produziert. Dies ist ein Rückgang von 4,4 Prozent gegenüber 2011. (1), (2)

Rückgang bei der Rinderschlachtung lässt im ersten Halbjahr 2013 die Fleischproduktion insgesamt stagnieren

Im ersten Halbjahr 2013 hat sich in Deutschland die Fleischproduktion auf vier Millionen Tonnen stabilisiert. Gegenüber dem entsprechenden Vorjahreszeitraum war das eine geringfügige

Steigerung um 0,1 Prozent. Das zweite Quartal bescherte dabei ein leichtes Plus, nachdem die Fleischerzeugung in den ersten drei Monaten um 0,1 Prozent zurückgegangen war.

Die Stagnation der Fleischerzeugung in Deutschland ist im Wesentlichen auf den starken Rückgang bei den Rinderschlachtungen zurückzuführen. Die Rindfleischerzeugung machte im Berichtshalbjahr nur noch 13,1 Prozent des gesamten gewerblichen Fleischaufkommens aus, verglichen mit 13,9 Prozent in den ersten sechs Monaten 2012. Vor vier Jahren waren es noch mehr als 15 Prozent. Die Anzahl der Rinderschlachtungen verringerte sich im Vergleich zum ersten Halbjahr 2012 um 6,3 Prozent auf nur noch rund 1,65 Millionen. Dabei sank die erzeugte Rindfleischmenge um 5,6 Prozent auf knapp 0,53 Millionen Tonnen.

Der Anteil der Schweinefleischerzeugung erhöhte sich im Berichtshalbjahr um 0,75 Prozentpunkte auf 68,7 Prozent. Von Januar bis Juni 2013 wurden in Deutschland 29,19 Millionen Schweine geschlachtet. Dies entsprach einem Anstieg um 1,2 Prozent. Die Produktion von Schweinefleisch erhöhte sich entsprechend dem Schlachtaufkommen um 1,2 Prozent, was auf unveränderte Schlachtgewichte der Tiere schließen lässt.

Die Geflügelfleischproduktion veränderte sich bei einem Anteil von zuletzt 17,9 Prozent kaum. Das Geflügelfleischaufkommen erhöhte sich im Halbjahresvergleich um 0,4 Prozent auf 0,72 Millionen Tonnen. (3)

Gestiegene Fleischexporte stehen sinkenden Fleischimporten gegenüber

Trotz der gesunkenen Fleischerzeugung in Deutschland ist die Ausfuhr auch 2012 weiter gestiegen. Insgesamt wurden Fleisch und Fleischwaren im Wert von 9,7 Milliarden Euro exportiert. Sämtliche Ausfuhren im Fleischsektor beliefen sich auf gut vier Millionen Tonnen. Größte Abnehmer von Fleisch und Fleischwaren aus Deutschland sind die EU-Mitgliedsstaaten, in die rund 85 Prozent aller Exporte geliefert wurden. Die Exportmengen von Schweinefleisch blieben gegenüber dem Vorjahr in etwa unverändert. Laut den vorläufigen Daten des Statistischen Bundesamtes ging diese um 1,7 Prozent auf 1,67 Millionen Tonnen zurück. Deutschland ist damit weiterhin in diesem Bereich der größte Exporteur der EU, vor Dänemark mit 0,30 Millionen Tonnen und Polen mit 0,19

Millionen Tonnen. Die Ausfuhren von Rindfleisch gingen um knapp 17 Prozent auf 0,33 Millionen Tonnen zurück. Wichtigste Ursachen für diesen Einbruch war der komplette Entfall der Lieferungen in die Türkei aufgrund einer prohibitiven Zollanhebung für Fleisch. 2011 wurden gut 20 000 Tonnen Rindfleisch dorthin geliefert.

Während die Exporte stiegen, gingen die Importe nach Deutschland zurück. Die Einfuhr von Rindfleisch reduzierte sich 2012 um 14 Prozent auf 0,29 Millionen Tonnen. Wichtigste Lieferländer in der EU waren die Niederlande und Frankreich. Der Import von Schweinefleisch sank um 2,3 Prozent auf 0,96 Millionen Tonnen. Wichtigstes Lieferland war Dänemark mit 0,34 Millionen Tonnen, vor Belgien mit 0,31 Millionen Tonnen und den Niederlanden mit 0,12 Millionen Tonnen. (2)

Die Deutschen essen weniger Fleisch

Mit 59,5 Kilogramm pro Kopf war der Fleischverzehr in Deutschland, einschließlich Fleisch- und Wurstwaren, nach Berechnungen der AMI (Agrarmarkt-Informationsgesellschaft) 2012 um 2,1 Kilogramm niedriger als 2011. Der Bundesverband der

Deutschen Fleischwarenindustrie macht hierfür eine schwache Grillsaison und gestiegene Preise infolge hoher Rohstoff- und Energiekosten verantwortlich.

Mit 37,9 Kilogramm pro Kopf war Schweinefleisch bei den Bundesbürgern am beliebtesten. Der Verzehr von Geflügel fiel um 0,3 Kilogramm auf elf Kilogramm, der Konsum von Rindfleisch blieb mit 8,9 Kilogramm trotz teilweise deutlicher Preissteigerungen nahezu unverändert. Auf die restlichen Fleischsorten wie Lamm, Innereien, Wild und Kaninchen entfielen etwa 1,7 Kilogramm pro Kopf. (4), [Abb. 1]

Fleischwarenindustrie verzeichnet einen Produktionsrückgang

Die vorläufigen Produktionszahlen der deutschen Fleischwarenindustrie zeigen für 2012 einen leichten Produktionsrückgang der wesentlichen Produktgruppen um 1,9 Prozent auf rund 1,47 Millionen Tonnen. Gleichzeitig stieg der durchschnittliche Preis aufgrund der hohen Energie- und Rohstoffkosten um 5,2 Prozent auf 4,66 Euro je Kilogramm.

Der deutlichste Preisaufschlag erfolgte mit 6,1 Prozent bei Rohwürsten, hier sank die Produktion mit

2,7 Prozent aus 0,44 Millionen Tonnen am deutlichsten. Bei der Brühwurst, die über den größten Marktanteil verfügt, sank die Produktionsmenge leicht um 1,3 Prozent auf 0,87 Millionen Tonnen. Die Produktionsmenge von Kochwürsten sank um 2,3 Prozent auf 0,16 Millionen Tonnen. (2), (5), [Abb. 2]

Schlacht- und Fleischwarenindustrie büßt kaum Umsatz ein

Das Ranking der 100 größten Unternehmen der Fleischwirtschaft führen weiterhin die großen Schlachtunternehmen an. Ihr Wachstum beruht in erster Linie auf den gestiegenen Export. Die Wursthersteller weisen ebenfalls ein solides Umsatzwachstum vor, das überwiegend aus Preiserhöhungen resultiert. Mengenmäßig setzten sie aber fast zwei Prozent weniger ab als 2011. Die Entwicklung der Geflügelwirtschaft sichert ihre Dynamik durch den weltweit steigenden Appetit auf Hähnchen- und Putenfleisch. So wuchsen die hiesigen Schlacht- und Verarbeitungsunternehmen weiter, auch wenn das Tempo nicht an das der Vorjahre anknüpfte.

Mit weitem Abstand an der Spitze des Rankings 2012 steht nach wie vor Tönnies. Der Konzern gab für das abgelaufene Geschäftsjahr einen Umsatz von fünf Milliarden Euro an. Die Vion Food Germany hat für 2012 keine Umsatzzahlen ausgewiesen. Aufgrund der umfangreichen Umstrukturierungen liegt bislang auch noch kein Geschäftsbericht vor. 2011 hatten die Niederländer ihre Umsätze in Deutschland noch mit knapp 3,90 Milliarden Euro beziffert. Auf Rang drei der größten Unternehmen vorgearbeitet hat sich Westfleisch, die 2012 ein Umsatzvolumen von knapp 2,48 Milliarden Euro erreichte. Damit zieht das Unternehmen vorbei an der PHW-Gruppe mit 2,34 Milliarden Euro Umsatz. Auch Rang fünf liegt die mehrheitlich zu Vion gehörende Moksel AG. Auch dieses Unternehmen hat für 2012 keine Zahlen vorlegt, 2011 wurde ein Umsatz von 1,68 Milliarden Euro erzielt.

Unter den zehn größten Schweineschlachtern in Deutschland weisen nur wenige kein Wachstum vor. Tönnies baute seinen Vorsprung weiter aus. Der Konzern steht inzwischen für mehr als 16 Millionen geschlachtete Schweine. Bei Vion fiel die Zahl im vergangenen Jahr um 1,2 Millionen auf unter zehn Millionen. Auch bei Danish Crown gingen die Schlachtungen zurück. Deutschlandweit kamen 2012 rund 1,35 Millionen Schweine weniger zur Schlachtung.

Die Top Ten der Rinderschlachter führt nach wie vor Vion an. Auch wenn die Zahlen hier um fast 70 000 rückläufig waren, steht der Konzern für fast 900 000 geschlachtete Rinder. Das Unternehmen liegt damit weit vor den Verfolgern Tönnies mit rund 400 000 Schlachtungen, Westfleisch mit 376 000 Schlachtungen und Müller mit 330 000 Schlachtungen.

Bei den Geflügelschlachtern und -verarbeitern steht die PHW-Gruppe mit einem Jahresumsatz von 2,34 Milliarden immer noch für das knapp vierfache Umsatzvolumen des nächsten Verfolgers in der Geflügelwirtschaft. Die Rothkötter-Gruppe. Heidemark erzielte 2012 einen Umsatz von 817,7 Millionen Euro. Auch Rang drei liegt die Sprehe-Gruppe mit 750,0 Millionen Euro Umsatz.

Unter den Fleischverarbeitern waren es vor allem die Unternehmen der mittelgroßen Umsatzklassen, die ein Wachstum meldeten. Die größte Gruppe in diesem Sektor, Heristo, gab keine Auskunft über 2012. Die Zweiten im Markt, Zur Mühlen, beziffert den Umsatz auf mehr als 825 Millionen Euro. Zuwächse im zweistelligen Prozentbereich weisen beispielsweise Sutter und Ponnath vor, die beide oberhalb eines Umsatzes von 200 Millionen Euro liegen. Auch Eberswalder weist mit 105 Millionen Euro ein Plus von 21 Prozent aus, Kupfer mit 160 Millionen Euro eines von gut zehn Prozent. (6), [Abb. 3]

Edeka dominiert die Top Ten der Fleischwerke des Handels

Als bedeutende Marktplayer in der Fleischwirtschaft haben sich die Fleischwerke des Handels etabliert. An der Spitze steht die Rewe-Tochter Brandenburg, die 2012 einen Jahresumsatz von 660 Millionen Euro realisierte. Dies bedeutet Platz 14 im Gesamtranking der Fleischbranche. Auf Platz zwei folgt Kaufland mit einem geschätzten Umsatz von 655 Millionen Euro.

In den Top Ten des Handels sticht der Edeka-Verbund mit allein sieben Werken hervor. Diese stehen zusammen für mehr als 2,44 Milliarden Euro Umsatz. Edeka Südwest Fleisch ist das größte Fleischwerk der Gruppe mit einem Umsatz von 585 Millionen Euro, gefolgt von Bauerngut mit einem Umsatz von 552 Millionen Euro. (7), (8), [Abb. 4]

Fallbeispiele

Die Müller-Gruppe setzt auf Regionalität

Die Müller-Gruppe setzt ihren Wachstumskurs mit dem Schwerpunkt Herkunft aus Süddeutschland fort. 2013 erwartet der Fleischkonzern mit den drei Standorten Müller Fleisch in Birkenfeld, Ulmer Fleisch und Bayreuther Fleisch rund 885 Millionen Euro Umsatz. Damit liegt Müller-Fleisch auf Platz neun im Gesamtranking der deutschen Fleischbranche. Das Wachstum des Unternehmens basiert auf dem Trend zum SB-Fleisch. Die Müller-Gruppe beliefert die Fleischwerke des Handels, liefert SB-Fleisch für den klassischen Lebensmitteleinzelhandel und den Discount und bedient die Verarbeitungsindustrie. Der Exportanteil beläuft sich auf 24 Prozent des Umsatzes.

Neuen Schub soll die Gruppe durch den Trend zur Regionalität erhalten. Lag hier bisher der Schwerpunkt auf Rindfleisch, soll auch Schweinefleisch nach definierter, süddeutscher Herkunft erzeugt werden. Grundlage hierfür ist eine über Erzeugergemeinschaften und dem privaten

Viehhandel bis hin zu den Landwirten vertraglich gebundene, starke Rohstoffbasis aus Bayern und Baden-Württemberg. (9)

Höhenrainer führt Markenrelaunch durch

Die Höhenrainer Delikatessen GmbH hat anlässlich des 50-jährigen Firmenjubiläums einen Markenrelaunch durchgeführt. Bis Ende April 2013 wurde das ungefähr 200 Artikel starke Putenwurst-Sortiment komplett auf die Marke Höhenrainer umgestellt und die 1999 eingeführte Marke Putepur aus dem Markt genommen. Angesichts des Trends zur Regionalität betont das Unternehmen mit dem Slogan Purer Genuss aus Bayern seine Herkunft.

Für 2013 erwartet das Unternehmen einen Umsatz von 38 Millionen Euro. Für 2014 wird mit weiteren Absatzsteigerungen gerechnet. Marktforscher geben für Höhenrainer einen Marktanteil von etwa sechs Prozent am deutschen Wurstmarkt an. Aktuell stehen Würstchen für rund 50 Prozent des Absatzes. (10)

Zahlen & Fakten

Abbildung 1: Die Deutschen essen weniger Fleisch

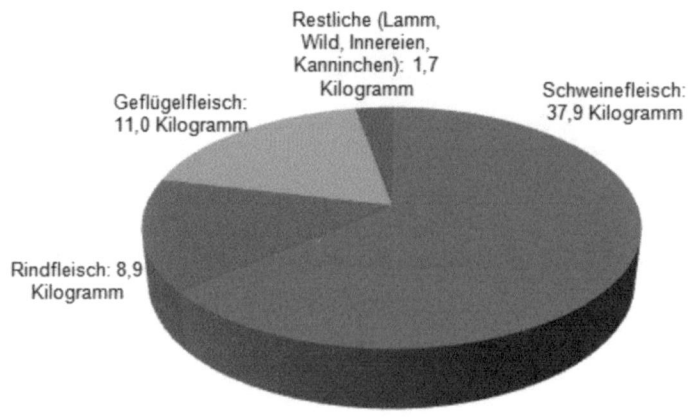

Entnommen aus: food service, 6/2013, S. 56, (4)

Abbildung 2: Die Wurstproduktion in Deutschland geht zurück

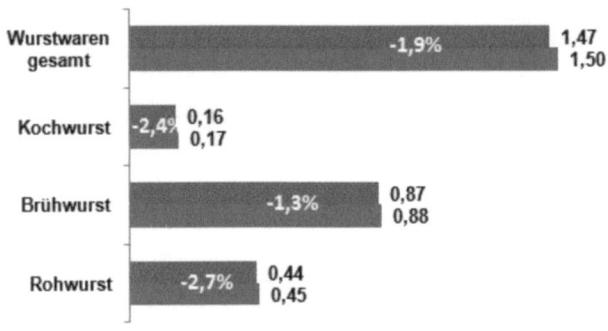

Quelle: Statistisches Bundesamt, BVDF Entnommen aus: afz - allgemeine fleischer zeitung, 18/2013, S. 4, (5)

Abbildung 3: Die zehn größten Unternehmen der Fleisch- und Fleischwarenindustrie

Rang		Umsatz 2011 in Mio. Euro	Umsatz 2012 in Mio. Euro	Veränderung in Prozent
1	Tönnies GmbH & Co. KG	4600	5000	8,7
2	Vion Food Germany	3895		
3	Westfleisch eG	2206	2475	12,2
4	PHW Gruppe	2228*	2340**	5
5	Moksel AG	1675		
6	Vion Fresh	1542		

	Meat North GmbH			
7	Heristo AG	1500***		
8	Wiesenhof Geflügel Gruppe	1288*	1330**	3,3
9	Müller Gruppe	717	852	18,8
10	B&C Tönnies GmbH	820	833	1,6

Bei nicht bestätigtem Umsatz wurde nach 2011 gerankt. Unternehmen ohne Umsatzangabe sind nicht genannt. * Umsatz Geschäftsjahr 2010/2011 ** Umsatz Geschäftsjahr 2011/2012 *** geschätzt Quelle: AFZ Entnommen aus: Fleischwirtschaft, 11/2013, S. 84 bis 86, (6)

Abbildung 4: Der Handel produziert mehr Fleisch

Rang		Umsatz 2012 in Mio. Euro	Veränderung in Prozent
1	Brandenburg (Rewe)	666	8,6
2	Kaufland (Schwarz-Gruppe)	655*	
3	Edeka Südwest Fleisch	585	24,5
4	Bauerngut (Edeka)	552	8,7
5	Rasting (Edeka)	431,5	5,3
6	Nordfrische Center	273	8,3

	(Edeka)		
7	Südbayerische FW (Edeka)	263	10,5
8	Birkenhof (Kaisers/Tengelmann)	241,9	-3,2
9	Franken-Gut (Edeka)	236	3,5
10	Hessengut (Edeka)	213	5,2

* geschätzt, Kaufland gibt generell keine Umsätze an
Quelle: AFZ Entnommen aus: Lebensmittel Zeitung, 40/2013, S. 25, (8)

Weiterführende Literatur

(1) Fleischerzeugung wächst nicht mehr
aus afz - allgemeine fleischer zeitung 08 vom 20.02.2013 Seite 005

(2) Einkaufsmengen erstmals gesunken
aus Fleischwirtschaft 05 vom 24.05.2013 Seite 059 bis 060

(3) Weniger Rinderschlachtungen
aus Fleischwirtschaft 09 vom 17.09.2013 Seite 017

(4) Fleisch: Deutsche essen weniger
aus food service 06 vom 17.06.2013 Seite 056

(5) genau betrachtet: Die Wurstproduktion In

Deutschland im Jahr 2012
aus afz - allgemeine fleischer zeitung 18 vom
02.05.2013 Seite 004

(6) Von Krise keine Spur
aus Fleischwirtschaft 11 vom 13.11.2013 Seite 084 bis 086

(7) Fleischwerke spüren teure Rohware
aus Lebensmittel Zeitung 30 vom 26.07.2013 Seite 006

(8) Fleischwerke des Handels legen zu
aus Lebensmittel Zeitung 40 vom 04.10.2013 Seite 025

(9) Müller-Gruppe setzt auf die Regio-Karte
aus Lebensmittel Zeitung 49 vom 06.12.2013 Seite 018

(10) Höhenrainer legt weiter zu
aus Lebensmittel Zeitung 44 vom 01.11.2013 Seite 022

Impressum

Fleisch - Exporte steigen, Importe sinken

Bibliografische Information der deutschen Nationalbibliothek

Die Deutsche Nationalbibliothek verzeichnet diese Publikation in der deutschen Nationalbibliografie; detaillierte bibliografische Daten sind im Internet über http://dnb.d-nb.de abrufbar.

ISBN: 978-3-7379-5723-6

© 2015 GBI-Genios Deutsche Wirtschaftsdatenbank GmbH, Freischützstraße 96, 81927 München, www.genios.de

Alle Rechte vorbehalten. Dieses Werk ist einschließlich aller seiner Teile – z.B. Texte, Tabellen und Grafiken - urheberrechtlich geschützt. Jede Verwertung außerhalb der Grenzen des Urheberrechtsgesetzes bedarf der vorherigen Zustimmung des Verlags. Dies gilt insbesondere auch für auszugsweise Nachdrucke, fotomechanische Vervielfältigungen (Fotokopie/Mikroskopie), Übersetzungen, Auswertungen durch Datenbanken oder ähnliche Einrichtungen und die Einspeicherung und Verarbeitung in elektronischen Systemen.